DIE REISE ZU DEN GROSSEN HÜGELN

Früh am Morgen ist Unruhe im Indianerlager.
„Was ist denn los?", fragt Yakari seine Mutter
Schimmernde Zöpfe.
„Stiller Fels hat die Krankheit der Roten Augen.
Das Licht lässt ihn weinen. Der Schneebaum
wird ihm helfen. Ich habe Fettauge und
Müder Krieger losgeschickt, um etwas Rinde
dieser Bäume von der Ebene der Großen
Hügel zu holen", antwortet sie.

Yakari beobachtet, wie Fettauge und Müder Krieger langsam auf ihre Pferde steigen und aufbrechen. „Ich fürchte, dass sie sich verirren. Müder Krieger ist sehr zerstreut und Fettauge schläft andauernd ein", sagt Yakari zu Kleiner Donner. „Vielleicht könnten wir ihnen ja unauffällig folgen."

Yakari reitet den beiden Kriegern hinterher. Es geht sehr langsam voran. Das Pferd von Fettauge ist genauso schläfrig, wie sein Besitzer. Ein Ast hält Fettauge auf und er schläft einfach weiter. Yakari führt das Pferd zurück und Fettauge landet wieder sanft im Sattel, ohne zu bemerken, was geschehen ist.

Yakari und Kleiner Donner folgen den beiden weiter mit etwas Abstand. Fettauge und Müder Krieger reiten über eine Felsbrücke, die eine tiefe Schlucht überquert. Yakari sieht Steine aus der Brücke bröckeln.
„Die Brücke wird gleich einstürzen! Müder Krieger, reite schnell weiter!", ruft Yakari.
„Was hast du gesagt, Yakari?", fragt Müder Krieger, langsam wie immer.

Die Brücke stürzt ein. Im letzten Augenblick erkennt Müder Krieger die Gefahr und reitet schnell auf die andere Seite. Yakari hat ihm das Leben gerettet.

„Reitet ohne mich weiter! Ich suche einen anderen Weg und folge euch", ruft Yakari.

Doch nun ist es Yakari, der Hilfe braucht.
Ein fallender Stein hat ihn vom Pferd geworfen
und er klammert sich an einen bröckelnden
Felsvorsprung.
„Schnell hol Fettauge und Müder Krieger!",
bittet Yakari Kleiner Donner.
Der Felsvorsprung fällt krachend in die Tiefe,
da halten zwei Hände Yakari fest. Müder Krieger
hat ihn rechtzeitig aufgefangen.

Yakari ist gerettet.
„Danke, meine Freunde! Ich dachte, ich folge euch, weil ihr vielleicht meine Hilfe brauchen könntet. Aber am Ende musstet ihr mich retten", sagt Yakari lachend.
Die Freunde reiten zusammen weiter und verlassen das Gebirge.

„Vor uns liegt die Ebene der Großen Hügel", spricht Fettauge.
„Leider erinnere ich mich nicht, ob die Schneebäume hinter dem linken oder dem rechten Hügel liegen."
„Dann trennen wir uns, einer sucht den linken und einer den rechten Hügel ab", sagt Yakari.

Yakari findet nicht die Schneebäume, dafür das verirrte Bärenjunge Morgentau, das seine Mutter im Nebel verloren hat.
„Komm mit mir mit. Ich muss meine Freunde suchen und auf dem Weg finden wir bestimmt auch deine Mutter", sagt Yakari. Gemeinsam suchen sie weiter. Hinter dem nächsten Hügel entdecken sie die Bärenmutter.

Fettauge und Müder Krieger haben Angst vor ihr und sind auf einen Felsen geklettert.
„Deine Freunde fürchten sich. Sie haben nicht kapiert, dass ich nur Honigtau gerufen habe", brummt die Bärin.
Nun suchen die Freunde zusammen weiter nach den Schneebäumen.

Der Nebel auf den Hügeln lichtet sich
und die Freunde sehen – blühende
Schneebäume!
„Na also, Mission vollbracht", sagt Müder
Krieger zufrieden.
Glücklich reiten sie ins Indianerdorf zurück.

„Ich danke euch, nun machen mir meine Augen nicht mehr zu schaffen", sagt Stiller Fels.
„Ihr müsst mir von eurer Reise erzählen, ihr seid bestimmt vielen Gefahren begegnet."
„Yakari hat uns das Leben gerettet, ist es nicht so?", fragt Müder Krieger Fettauge. Doch der antwortet nicht – er ist tatsächlich im Stehen eingeschlafen!

FLIEGENDER FUSS

Schnell läuft ein Indianer auf die Schlucht zu.
Er wird von einem hungrigen Puma verfolgt.
Mit einem Sprung rettet er sich auf die andere
Seite. Der Indianer stößt dort fast mit Yakari
und Kleiner Donner zusammen. Er stellt sich vor:

„Mein Name ist Fliegender Fuß.
Ich bin der Bote des Stammes der
Pawnee. Weißt du, wo ich Häuptling Kühner Blick finde?"

„Das ist mein Vater. Komm mit!",
antwortet Yakari.
„Wenn er ein Bote ist, warum ist er dann nicht
auf einem Pferd unterwegs?", fragt sich
Kleiner Donner.
„Vielleicht braucht er kein Pferd, weil er so
schnell ist", sagt Yakari.
In Yakaris Dorf begrüßt Fliegender Fuß
respektvoll Häuptling Kühner Blick.

„Im Namen des Stammes
der Pawnee überreiche ich
dir dieses Friedensgeschenk",
sagt Fliegender Fuß.
„Im Namen des Stammes der
Sioux danke ich dir", entgegnet Yakaris Vater
und entrollt das Pergament.
„Eine Sternenkarte! Die ist wunderschön!",
ruft Yakari.

Fliegender Fuß übernachtet in Yakaris Dorf. Kühner Blick fragt: „Die Pawnee werden als sehr gute Reiter gerühmt. Hättest du nicht lieber ein Pferd?"
Fliegender Fuß antwortet ausweichend und zieht sich zum Schlafen zurück. Hatten ihn die Worte des Häuptlings verletzt?

Am nächsten Morgen erwartet Fliegender Fuß eine Überraschung: Häuptling Kühner Blick schenkt ihm eine Stute: „Nun ist es an dir, auch ein Geschenk anzunehmen. Sie ist noch ein wenig wild, doch es mildert die Anstrengung deines langen Weges."
Fliegender Fuß dankt und geht mit seinem Pferd fort – warum reitet er nicht?

„Du begleitest sie besser ein Stückchen und vergewisserst dich, dass ihnen nichts geschieht", sagt Yakaris Vater.
Fliegender Fuß und seine Stute sind nervös.
Plötzlich reißt sie sich los, wirft Fliegender Fuß zu Boden und galoppiert davon.
Yakari und Kleiner Donner folgen ihr.
Sie müssen die Stute einholen und beruhigen.

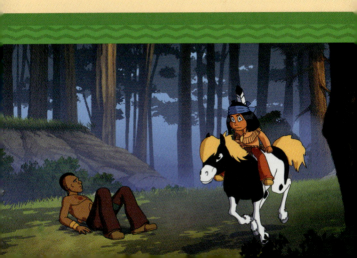

Yakari springt auf ihren Rücken und redet mit ihr.
„Ich spüre die Angst des Reiters und das hat mich erschreckt. Deswegen bin ich fortgelaufen", erklärt die Stute.
Sie kehren zu Fliegender Fuß zurück.
„Ich muss dir etwas gestehen, Yakari. ich habe Angst vor Pferden", seufzt er.
„Ich kann dir helfen, deine Angst zu überwinden", sagt Yakari.

Yakari hilft Fliegender Fuß, auf das Pferd
zu steigen.
„Press die Beine zusammen! So kannst du dich
besser halten und dein Pferd versteht, was du
von ihm willst."
Das klappt schon ganz gut.
„Langsam verstehe ich, wie das geht",
sagt Fliegender Fuß lachend.

Als Nächstes üben sie das Springen über Hindernisse. Fliegender Fuß fällt vom Pferd und landet im Wasser. „Ein guter Reiter muss auch das Runterfallen lernen", sagt Yakari. Langsam gewöhnen sich Fliegender Fuß und sein Pfernd aneinander.

Plötzlich werden Kleiner Donner
und die Stute unruhig. Der hungrige
Puma ist über die Schlucht gesprungen
und will die Freunde angreifen.
„Lauf, mein Pferd! Hab Vertrauen zu mir!",
ruft Fliegender Fuß.

Mit einem gewaltigen
Sprung schaffen sie es
auf die andere Seite.
Der Puma hat nicht mehr genug Kraft,
er rutscht an der Felsenwand ab und gleitet
in die Tiefe. „Du bist ein ganz großartiger
Reiter", sagt Yakari.

„Es wäre mir eine große Ehre, wenn du einen Namen für mein Pferd aussuchen würdest", bittet Fliegender Fuß. Yakari ist stolz, dass Fliegender Fuß ihm diese Ehre erweist.
„Wie findest du *Windfängerin*?", fragt Yalkari.
„Einen schöneren hättest du nicht wählen können", antwortet Fliegender Fuß.

„Auf Wiedersehen, Yakari!", ruft Fliegender Fuß. Er reitet glücklich zu seinem Stamm zurück, denn er hat seine Angst vor Pferden überwunden. Und Windfängerin ist glücklich, einen Freund zu haben, der sie beschützt – auch vor hungrigen Pumas!

YAKARI UND SILBERFELL

Yakari und Kleiner Donner werden von dem grimmigen Wolf Fletschzahn aufgehalten.
„Was fällt dir ein, dich in mein Revier zu wagen", knurrt Fletschzahn.
Der Fuchs Silberfell hat alles beobachtet.
„Ich mache mir Sorgen um dich", redet Silberfell einschmeichelnd auf den Wolf ein.

„Du siehst sehr schlecht aus und dein Magen knurrt bis hierher."
„Das ist wahr, ich fühle mich so schwach und ausgehungert", seufzt Fletschzahn.
„Der Luchs hat bei der alten Blautanne einen Leckerbissen versteckt", sagt Silberfell.
Fletschzahn eilt davon, der Fuchs hat Yakari und Kleiner Donner gerettet.

„Ich habe gar keinen Freund, willst du mit mir spielen?", fragt Silberfell.
Den ganzen Tag spielen Yakari und Silberfell, bis die Dämmerung hereinbricht.
„Es ist zu dunkel, um noch ins Dorf zurückzukehren. Wir übernachten hier!", sagt Yakari.
Er teilt sein Trockenfleisch mit Silberfell, dann legen sich alle zum Schlafen ans Lagerfeuer.

Am nächsten Morgen werden sie vom Wolf geweckt. Er ist böse, weil an der Blautanne kein Leckerbissen versteckt war.
„Ich sprach von einem Baumstumpf, von einer Blautanne war nie die Rede", antwortet Silberfell. „Ich führe dich hin!" Wieder hat sie der Fuchs gerettet.

Der Rabe Krickrack warnt Yakari: „Silberfell ist sehr listig. Wenn er so tut, als wäre er dein Freund, dann will er nur etwas von dir haben."
„Mit netten Worten hat mich Silberfell eingewickelt und dann hat er sich meinen Honig unter den Nagel gerissen", erzählt der Bär Fischbeißer.

Im Indianerdorf erfährt Yakari, dass Stolze Wolke Silberfell jagt. Er warnt den Fuchs, sich zu verstecken.
Doch Silberfell versteckt sich ausgerechnet in Yakaris Zelt – und isst sein gesamtes Trockenfleisch auf.

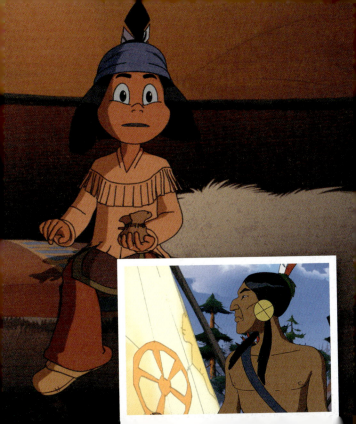

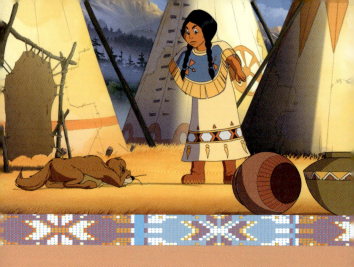

Am nächsten Morgen ist Silberfell fort.
Yakari hört seine Mutter Schimmernde Zöpfe
mit dem Hund Knickohr schimpfen:
„Das ganze Trockenfleisch ist weg!
Warst du das etwa, Knickohr?"
Stolze Wolke untersucht die Spuren im Gras.
„Das war der Fuchs. Aber den Fallen, die ich im
Wald aufgestellt habe, wird er nicht entkommen."

Yakari und Kleiner Donner eilen in den Wald, um Silberfell zu warnen. Der Fuchs ist dem Geruch des Trockenfleisches gefolgt und nähert sich der Falle.
„Nein, Silberfell, pass auf! Nicht berühren!", ruft Yakari, doch zu spät. Die Falle schnappt zu und zieht den Fuchs an einem Seil in die Höhe.

Yakari nimmt einen scharfen Stein und versucht, das Seil zu zerschneiden.
„Du hast mich getäuscht, Silberfell."
„Ja, ich betrüge, und andauernd muss ich lügen. Das ist meine Natur", antwortet der Fuchs.
„Seine Freunde belügt man trotzdem nicht! Deswegen hast du auch keine", sagt Yakari.

Das Seil ist zerschnitten und Silberfell ist frei.
Der Fuchs verschwindet. Stolze Wolke hat alles
mitangesehen.
„Wolltest du mir nicht etwas sagen, Yakari?"
fragt er. Am Abend entschuldigt sich Yakari
bei Stolze Wolke: „Bitte verzeih mir und nimm
als Entschuldigung für alles diese Bisonhaut
von mir an."

„Ich nehme dein Geschenk an. Nun setz dich zu mir und lass uns in Ruhe reden", sagt Stolze Wolke.
„Verzeih mir bitte, ich habe einen großen Fehler gemacht", flüstert Silberfell.
Noch lange beobachtet er Yakari und Stolze Wolke am Feuer, dann verschwindet er leise im Wald.

WIE KNICKOHR ZU YAKARI KAM

Eines Tages sieht
Yakari einen Hund,
der sie aus der Ferne
beobachtet.
„Er will gar nicht näher
kommen, das ist komisch", sagt Yakari.
„Eigentlich sind Hunde doch immer gern
bei uns Menschen."

Kühner Rabe hat alles mitangehört.
„Aber wenn man Hunde schlecht behandelt, können sie schnell menschenscheu werden. Ich habe diesen Hund oft im Wald getroffen und ihn gefüttert." Später beobachtet Yakari, wie der Hund Kühner Rabe folgt.
„Der Jäger hat ihn gefüttert und da ist er anhänglich geworden", sagt Kleiner Donner.

Bei der Bisonjagd wird Kühner Rabe von seinem Pferd abgeworfen und fliegt tief in eine Felsenschlucht hinunter.
„Hier wird mich keiner jemals finden, dieser Ort ist zu abgelegen."
Als er da liegt, verletzt und ohne sein Pferd, hat Kühner Rabe die Hoffnung fast aufgegeben.
Doch es nähert sich jemand …

Der scheue Hund hat den verletzten Indianer entdeckt. Hunde haben sehr feine Sinne. Sie spüren, wenn ein Mensch verletzt ist. Kühner Rabe wirft ihm seinen Medizinbeutel zu.
„Bring ihn zu den Sioux! Du musst ihnen nur den Weg zeigen."

Der Rabe Krickrack und seine Freunde sehen
den Hund mit dem Medizinbeutel davonlaufen.
„Der Beutel enthält bestimmt viele Leckerbissen!"
Sie verfolgen den Hund und versuchen, den
Beutel zu stehlen. Der Hund flüchtet durch
eine enge Felsspalte und stürzt in die Tiefe.
Krickrack entwendet ihm den
Beutel und fliegt davon.

Yakari und Kleiner Donner finden den bewusstlosen Hund und wecken ihn auf. Er ist nicht verletzt, aber eines seiner Ohren ist bei dem Sturz umgeknickt.
Der Hund ist froh, dass Yakari seine Sprache versteht. „Ich bin einem Menschen gefolgt, aber der hat sich schlimm verletzt. Er hat mir einen Lederbeutel anvertraut, aber ein Rabe hat ihn gestohlen."

Yakari trägt den Hund den Abhang hinunter und entfacht ein wärmendes Feuer. „Jetzt ruh dich erst einmal aus, es ist zu dunkel zum Suchen."

Der Hund erzählt den Freunden seine Geschichte. Er ist von seinem Stamm verstoßen worden, weil er die Essensvorräte nicht gegen Kojoten schützen konnte. „Das wäre dir bei uns nicht passiert", beruhigt ihn Yakari.
„Ich will unbedingt, dass dein Stamm mich gern hat. Ich darf dieses Mal nicht versagen!", seufzt der Hund.

Als der Hund und Kleiner Donner schlafen, erscheint Yakari sein Totem, Großer Adler. „Für den verletzten Jäger deines Stammes ist es nicht zu spät, sei unbesorgt", beruhigt Großer Adler Yakari.
„Finde den Medizinbeutel, dann wirst du auch den Jäger finden."

Am nächsten
Morgen treffen sie
Krickrack und die anderen Raben
auf einer Waldlichtung.
In dem Medizinbeutel war nichts zum
Fressen, und so haben ihn die Raben
achtlos hinter einen Busch geworfen.

Yakari schüttet den Inhalt des Beutels
auf den Boden der Waldlichtung.
„Das ist der Medizinbeutel von Kühner Rabe!",
ruft Yakari aus. Der Hund hat eine Idee:
„Wenn ich an dem Beutel die Witterung
aufnehme, kann ich ihn aufspüren!"
„Und von hier oben aus der Luft können wir
ihn schnell sehen", ergänzt Krickrack.

„Yakari! Ich habe die Fährte des verletzten Jägers!", ruft der Hund.
Schnell reiten Yakari und Kleiner Donner hinterher – hoffentlich kommen sie nicht zu spät! Kühner Rabe ist schon ganz schwach, er sieht die Raben, die über ihm am Himmel kreisen.

„Die Raben, ein schlechtes Zeichen!
Das ist mein Ende."
Kühner Rabe sackt ohnmächtig zusammen
und wacht erst im Dorf wieder auf. Alle loben
Yakari für die Rettung von Kühner Rabe.
„Ohne diesen mutigen Hund und seinen
wunderbaren Geruchssinn hätten wir ihn
niemals finden können", sagt Yakari.

Seit diesem Tag lebt der Hund glücklich bei Yakaris Stamm.

„Der Rabe Krickrack meint, dass mir das Knickohr steht. Stimmt das?", fragt der Hund.

„Ja, und wie! Und Knickohr wäre auch der perfekte Name für dich. Du kannst wirklich stolz auf dein Knickohr sein", antwortet Yakari.